Весна Ацевска
НЕРЕД У ОГЛЕДАЛУ

Библиотека
УСПОН
Књига 4

Уредници
НОВИЦА ТАДИЋ
ЉИЉАНА СТЕЈИЋ

Са македонског превео
РИСТО ВАСИЛЕВСКИ

На корицама
Едвард Мунк
Девојка се чешља, 1892

Весна Ацевска

НЕРЕД У ОГЛЕДАЛУ

РАД   АРКА

НЕ-РЕД, БОЈЕ

УСРЕД ЗРЕЛИХ ВОЋЊАКА

Усред зрелих воћака
У небрањеном воћњаку
Дете што први пут открива
Фаталну привлачност
Сладострашћа.
Отад Бах и Аполон
У његовој су близини
И један паук чији крик
Потпаљује празни свод.

ВОЛИМ ТЕ ЦРВЕНО, ВОЛИМ!?

Волим те црвено, волим!?
Црвено клокоће смех
Са сомотастим соком лале.
Као и руже, тамноцрвене,
Ћутљиве усне даме херц.
У црвеном сећању
Читав један посебан црвени свет
Са сопственим вулканом и лавом.
Волиш ли ме црвено, волиш!?

ЗЕЛЕНИ ПАПАГАЈ КОЈИ НЕ ГОВОРИ

Зелени папагај који неће да говори
А био је са гусарима, шаманима, владарима –
Зна: колико теже шлем и маска,
И шта нас лечи, убија, успављује.
Зелени папагај, без речи,
Прича нам о зеленом ланцу
Дугом до пола Хималаја
И до пола морског дна.
Њега никад немој тражити у сну.

ПЛАВО ЈЕ ВИШЕ И ДУБЉЕ

Плаво је више и дубље,
Допире до очију троименог бога.
Они што се охрабре да стигну донде,
Нека рачунају на студ и вртоглавицу,
На сурову климу реткког ваздуха
И на муклу тишину недостижног дна.
Као у празној школи у којој си сам,
Светла су погашена, а ти постајеш мали,
Просо. Сенке – велике гладне кокошке!

АКО УЂЕШ У КРУГ БЕЛОГ

Ако уђеш у круг белог,
Нико није записао колико је широк,
Понеси са собом мали талисман
Што усред белине заслепљујуће бљешти.
Ти си неко други на овом острву,
Где буја бршљан сумње,
Чак се опасно љуљаш између *да* и *не*.
Шта си? Отеран из свог рода?
Неко ко је престигао крајњи циљ?

ЦРНО СЕ ПРИМА, ПРИХВАТА

Црно се прима, прихвата.
Рођени исповедник, глува баба,
Језик задржава иза зуба.
Код њега се увек навраћа
Да се закопају црне мисли
И наша најмрачнија предосећања.
Кад дође време и нема се куд,
Црна мачка нам је пресекла пут,
Уз свећу нас одводи у тамну земуницу.

ОПАСНО ВРЕМЕ, ОПАСАН СВЕТ

Опасно време, опасан свет:
Све значи, све зрачи и из шаренила
Не знаш шта је јава, а шта сан.
Од толико много глади и снатрења,
Понекад не знаш *шта и чему*,
Али *шта је то? Ко је то? И ја?*
Вук што завија на Месец
Што се сваке седмице мења(?)

НЕ-РЕД У ОГЛЕДАЛУ

УОЧИ НЕРЕДА

Прилазим му. Дозивам га.
Говорим му гласом што милује,
Не би ли открио облик,
Не би ли заискрио ликом
Овај изливени вишак.

Ја њему: – *Сфинго моја!*
А он жари мрак у мраку,
Топе се ћутња и лед,
Говор је густа шума,
Узвици су оштри висови.

Ја њему: – *Ти, сејачу!*
Али он кроз призму светли
Свим бојама зеница:
Метеж је жар-птица,
Трулеж – нови полог.

Ја њему: – *Хеј, косиоче!*
А он кроз мене јасно види:
Не постоји мртва природа!
Пад је најсигурнији пут,
Одрон, посве неизбежан.

РЕД МЕЂУ РЕДОВИМА

Небо му је до самог темена,
Предвече игра у месту и пева,
Из свих грла један исти тон
И једна иста раван нота
На скали бескраја.

Неповратно нас вуче ка ушћу
Сређујући светски метеж.
Пази на ватру и језик
Да се не излије обиље
И да не надвлада пиревина.

Без чашице, дувана и лирског порива.
Нит' сања, нит' посустаје, нит' малаксава.
Вековима га сумња не нагриза.
Скепса је скочила у дубоки очај
Пре него се попела на његову кулу.

Нит' приказује, нит' се показује.
А мора да има ахилову пету
И дом, и неку малу окарину
Која неће никоме дошапнути
Где је његов скривени дух.

– *Где си?* – питам га. – *Какав си?*
Твоје једнолично обличје
Скривено је у свим димензијама.
Предвече, чак и у ретку играм,
А ледена прозирност звиждуће.

НЕ-РЕД И РУКЕ

Никада нису само оне.
Али ко стоји иза њих? Ко?

Иследник без напора открива
Трагове који се врте у круг.

Круг је већ квадрат,
Два метра испод земље.

У тами све јаснија бива
Свака нејасноћа.

Оданде је прелазак лак
За оне с ножем и симболом.

БЕСКРАЈ, НЕ-РЕД И ТИ

Велики кит, бескрај!
Кит којег не-ред и ти
Никад нисте видели, нит' ловили.

Сањаш како он сања:
Кита који одавно плови
Према крајњој станици.
Кит застајкује, преврће се
У новој неочекиваности.
Звезде падају топећи се.
Две сасвим мале, још светлуцаве,
Трепере на твојим ушним ресицама.

НЕ-РЕД И СЕКИРА

– Чија је сада секира? –
Питао је Не-ред.
– Чија сам? – изусти секира.
Клан ју је дубоко закопао.
Гора ју је сасвим запоставила.
Где да је крвник тражи,
Ако није иза петлове шије?

Знам једну сјајну секиру.
Лежи мртва иза стакла
Око којег стоје брадати
Испредајући једну исту причу
О расцветавању сечива.

– Кад би секира била моја, –
Рекао је Не-ред.
*– Секира би опет полетела,
Ал' би се зарила
Супротно од процепа Заласка
Што салеће беоњаче
И ломи млеч непрозирног.*

ПУТ И НЕ-РЕД

– На добром сам путу, –
Каже Не-ред.
– Имам јака леђа,
Чврсте ноге,
И вољу што никад
Не скрене
На мутној месечини.

– И пут и ја, –
Рече Не-ред,
– Са вртоглавицом
Из других предела.

НЕ-РЕД У ПОЖАРУ

Исте очи, твоје, моје,
Пастрмке грабљивице
Једна уз другу,
Једна с другом.

НИШТА, НЕ-РЕД

Стојим на косини
Са пет димензија.
Са мном висе
Пет слепих свирача
И са пет виолина
И пет гудала
Испуњавају Ништа.

Ствари се све брже,
Све гласније роје
У глувој празнини.
Узрујани осињак
У потрази за стаблом,
За клинастим писмом
И склиском глином.

СТВАРНОСТ, ПРИВИД

ЕЛЕМЕНТИ

На самој ивици постојања
Посустајем пред једноставношћу,
Ледим се поред неизбежности
Да прођем кроз њихов гај.
Сумњичим их за потајну намеру.
Тражим им слабу тачку, грешку,
Неки ослонац за прст и пету,
Пукотину за клин и уже,
Да бих се везала за струк
Док висим изнад пропасти.

Прилазим им, дишем уз њих,
Посматрам их, бројим и обилазим,
Откривам им особину за особином,
Све у правцу вероватноће.
А они, без дланова и крила,
Невидљивим магнетизмом
Пуне и празне простор,
Скупљају се у шумна јата
У пејзажу који измешта
Давно установљени ред.

Горим са сутоном бадема,
Стресам песак са дланова.
С мора, мрак и питања
Запљускују пролазнике.

ПОЧЕТАК

Тамо се не иде празних руку.
Тамо свако носи грудву-две,
Онолико колико скупи десница.
Узима се са старог пламена,
Осветљава се оскрнављено,
Онда се баца део по део,
Додаје се урлик и усклик,
И јед који повија чело
Ка мрачним амбисима.

Тамо се не иде празних руку.
Тамо свако носи грудву-две.
И упркос свему, поред свега,
Чека нас мрак, вреба дан,
Пут лош и несигуран,
Вода мутна и опасна,
Граница необележена,
А голуба још нема.
Ни коња. *Где је коњ?*

У хладовини митског храста.
У сенци светог зида.
Понад неба свију неба.
Испод мора – ћутње.
Безброј мртвих и живих
Убацују у празне шкољке
Мале трепераве звезде.

ОМЧА

Савршена сраслост стреле и циља.
Уста кроз која свака реч сигурно умире.
Место где се гнезди празнина.
Врата кроз која се улази у другачије.
Зеница ништавила. Беоњача мрака.

Не видиш је. Али она
Ти виси око врата.
Додирује те, стеже.
Држи те за зглоб,
За мисао, за реч.

А ти по њој ватром,
А ти на њу водом,
А ти врх ње ножем,
И ти кроз њу зрном,
А она с нама у песму.

Враћа се нова приврженост.
Љубазно се склања с видика,
Посматра те из огледала
Док привезујеш
Ланчић с твојим иницијалом.

Она је ту. Чека те стрпљиво.
Заточена празнином.
Због које се срушио први облик,
Љуља се заједно с тишином,
А понекад и с нечијим вратом.

ОТВОР

Заокруженост га се потпуно одриче.
Пуноћа одбија да га прими.
Јаје гине, али не дозвољава
Да му види суштину.
Камен се брани крутошћу,
Вода узвраћа новом водом.
Гром стравичном тутњавом,
Бог свеобухватношћу.

Али он није празнина што зјапи.
Он само себе упорно тражи
У сувише отвореним могућностима.

Отварам сакривено у мени,
Нека узме шта му треба,
Као што узима лакмус.

Поцрвенео и постиђен, размишља:
Да уђе? Не? Да уђе? Не?...

ЛИНИЈА

Увек јасна, вазда беспрекорна!
И у непостојаности стално иста,
Док струји, док се креће,
Тражећи излаз, жудећи за почетком,
Тачком на којој је створитељ
Нашао себе.

Увек јасна, вазда беспрекорна!
И док следи замишљени облик,
Што стрпљиво чека да плане,
Да васкрсне од лаког додира
Што се од ње одваја
Док тражи себе.

Увек јасна, вазда беспрекорна!
Присутна и кад је нема, та линија,
Камила васељенске пустиње.

СТВАРНОСТ? ПРИВИД?

Тек што је отишла
Пролазност-утешитељка.
Одлепршала је с ластом,
Што је свила гнездо
У мртвачници.

Нестала је с бумбаром
У модрој тишини,
И с нашим гранитним теретом
Потонула у невидљивост,
Док одабрани
Чекају на неми одар.

Тек што је отишла
Пролазност-утешитељка.
Не жели с нама кроз шупљине,
Неће час стварност, час привид.

ОСОВИНА

О њој се ништа не прича,
Нико није испевао песму,
Нико није насликао портрет
И није повео рат.
А древнија је од Сибиле,
Складнија од Јелене;
Ситошћу заводљивија,
Грациозношћу неодољивија.
Величанствено стрпљива,
Подмеће раме
Да преузме терет
Свих мртвих атласа.
Не чујемо јој смех
Док се с нама и летом
Окреће око себе
И круни семе.
Ако је пратимо дуж линије
Лета ластавица,
Придодаје нам вртоглавицу
И луцидну видовитост:
Мрак којим се обавија
Налик је божјој зеници.

БАБУНОВ ВРИСАК

Бабун носи немирно време,
обиље дудињег рода
и снежни глас свете горе.
Његов врисак слути скрб,
непознати планински такт
што подстиче зрење
неродних година
које сваке јесени
круне тамнокрваве латице.
Све јеређе у камењарима
где немост дозвољава
јаче откуцаје срца,
као једној голготи
до које допире прашума,
са вриском одсутности.
Чак се и од његове ћутње сви склањају,
јер је речити говор јеретика.

МЕТУЗАЛЕМ

Већ не залази међу нас,
жељне његове речи и ћутње,
златне чаше за свету причест.
Исти ваздух са нама удише
док сриче мудрост и пој
свиленим нитима за глежњеве
неспокојним да топотом грмну
звучним обручима за главе.
Никог не прима у јазбину,
где стално окреће касету
с нашим громогласним усхићењем,
вино којим се напаја
за свој будући долазак.
Кајање, ћилибар, сан-кречњак,
истањили су му кожу,
проредили гриву,
пој и реч који росе.
И све му је дражи неандерталац
који челом додирује чело
и хвата за гушу
прекобројног гмаза времена.

ЕДЕН

Све му јеесније у свету
у коме руља и гомила
успостављају сурови закон,
а нису му ни јато ни племе.
Лоше вари: дивљи говор,
зној, смрад општега даха,
кија без престанка, до суза,
пати за старим временима,
за давно узораним пределом
скројеним по његовој мери.
Зар није било све јасно,
све прво и јединствено:
Дрво на своме месту,
Страст – забрањени плод,
Сумња – излишни зрак!
Неко, да л' Бог, ил' Ђаво,
из шале хукну сијамско сродство:
од *Едена* и *Едена*, би *Еден*,
међа што раздваја и повезује.
Сваке ноћи неман сна,
једном због ОВОГА, једном због ОНОГА,
куца његово срце. Тајно од себе
гласа за свето тројство.

ТАЧКА

Тајно светилиште света,
у коме су велико и мало
палац о палац ослонили,
крај и почетак лактом подуприли,
граде кулу, мост што води
до последњег ребра мисли.

Чудо за чудом из рукава вади,
мењајући лако стране,
изводи најбоље пируете,
насупрот писаним правилима.
Ниједан кавез је не може задржати,
ниједан је ланац не може везати,
сама са собом плеше,
скаче иза планине,
трепће задњом звездом,
јури ка нама, нараста,
смејући се, подиже нас
у своје мајчино крило.

КОРАЛ

Пошто је изгубио снагу,
открио је мудрост и схватио
да је моћ у његовим прстима
што пишу историју
о кратком сјају комета
и одсјају тмине.
Није имао кад да мисли
– изабрао је погодно место
за глобу, отимање и градњу.
Мудар, на време се тргао:
– добар краљ је мртав краљ,
и везао је канап испод гуше.
Једном у бљештавом пурпуру,
једном – бестидно бео,
пријањао је уз женски врат.

КРАЈ

Кућа му је затрпана
Свим оним што је пропало.
А поштар ипак звони
И оставља нове пошиљке
На невидљивом прагу.

Нико му не ласка,
Нико не седа
За његов сто,
Нико не пита
Како му је самом.

Али неко мора
Да повуче нит,
Да стави тачку.
Да прими све,
Да све сачува.

Повремено пева
О ономе што зна,
О нама и свету.
Ти га не чујеш,
Певаш своју песму.

ВОДА И СЕНКА

ПО ВОДУ

Из озарености шуме
Траже да им донесем воду.

Хајде, онда,
Кад се не може без ње!

Ведрином, без ведра,
Можда ћу кишу замолити
Жедне да напоји,
До смрти изливајући себе.

Можда ћу пронаћи извор
И припитомити га
Да ми лиже руку,
Да се врти у круг,
И чим звизнем
Покорно легне
Уз моје ноге.

Можда ћу морати под земљу
Да пронађем њену јазбину.
А чим је пронађем,
Научићу њен језик,
И говорићу жуборећи.

У нашем крају
Вода је бистра мома
Која се не заварава
Ситним бисерјем.
Да би ти дошла,

Озидај чесму,
Подигни мост,
Каквих нигде нема.

ВОДА И СЕНКА

Вода нема сенку,
Вода лови сенке,
Баца мрежу за мрежом
Ка својој унутрашњости.

Звекетава је и трома
Мрежа намењена дану.
Паучинасто-лепљива је
Мрежа намењена ноћи.
Прозрачна и мека је
Мрежа што повија
Твоје чудесно бледо лице.

Вода непрестано тече
Да би до краја издржала
Тешки товар сенки.
Увек прави водопаде,
Водоскоке и развођа
Где се одвајају
Струја уздизања
И струја пропадања.

Вода само привремено
Брише трагове
Наше неутољиве жеђи.

ЧОВЕК И ВОДА

Вода у човеку
Мирује нестално.
Одмара између две олује,
Два говора, два привида.

У воду се свако баца
Као у своју постељу.
Вода је риба
Која се ничим не да уловити.
Клизи низ дланове,
И са зрнастим сутоном
Бежи са очног дна.

Човек и вода
Боре се до смрти.
Учтиво се смире
У трајној одсутности.

SUI GENERIS

SUI GENERIS

Сада је лако. Али тада, тада.
Што ако не кроз песак и сенку,
Чиме ако не ватром и водом,
Ако не лактом и кораком,
Ако не прутом, каменом,
Ако не дланом и луком,
Да би био ти, да будеш.

Сада је лако. Али тада, тада.
Имаху тајну и имаху смелости,
Немаху броја и немаху ваге,
Немаху врата и немаху кључа,
Само твар која свија сенку
И наготу што бљешти
Да би био ти, да будеш.

Прах куца: *Ту смо*.
Њихова кућа је број 13.
Њихов стан је број 7.
Можеш их позвати
Ако дозовеш дан,
Ако рекнеш Месецу,
Ако кажеш.

Ти древни ковачи Ура.
Они хтедоше. Они знадоше
Како небројено,
Како немерљиво
Кују временску скалу,
На чијем крају си ти,
Чији крај си ти.

Сада је лако. Сада је могуће,
Али ти бежиш, сакриваш се,
Клизиш низ парапет
Ограде времена,
Брзина расте, ти јуриш
Ка почетку,
Ка другом крају,
Ка крају.
Крај.

НАСУКАНИ КИТ

Зашто не мера, зашто не несавршенство!
Боље прегршт, боље напрстак,
Насупрот океану, насупрот небу.

Али то ниси ти и то није твој глас.
Неко други из тебе говори.
Неко други кроз твоје очи гледа,
У њима нема шумскога хлада.
Неко други снатри кроз твој поглед,
Уместо бескраја, онамо зид.
Неко је поклопио твоје тело.
Неко је закључао твој смех.
Ти већ полећеш
На олисталом звуку.

Насупрот океану, насупрот небу,
Попут Орфеја, и ти бираш
Да будеш принет
На олтар лепоте.

Још један замах, и ти си насукани кит.
Због твог можданог воска
Нимфина лица
Имају сјај порцелана.

ПИТИЈЕ

Хермес ми дува у сандале, а ја,
Збуњена повереном благовешћу,
Неочекивано затечена наградом,
Ослањам се о древно крило ждрала,
О његов неоспорни клинасти лет.

Имам за тебе мало откриће,
Залог је што пламти као прва ватра
На којој су ти прсти били једном затечени,
Али не привикоше се на светост онога
Који вазда опомиње.

Гласник никада није исцелитељ,
А онај ко уме нема моћ да улепшава.
Панова фрула не може да те уздигне
А да не нађеш гласа у пустињи,
Где узалуд подиже свој дом.

Хермес ми дува у сандале, а ја,
Изненађена вешћу коју ти доносим,
Заточена неочекиваном наградом,
Подижем поглед на крила ждрала,
На њихов незаустављиви лет.

ОТКРОВЕЊЕ

Учитељ говори.
Учитељ открива.
Појављује се Херодот,
Онда Крез, затим Кир,
Усред леденог поља
Отвореног за све погледе.

Учитељ говори.
Учитељ открива.
Ученике у пољу
Учи Херодот,
Затим Крез, онда Кир,
Један, два, вежбају,
Налево, надесно,
Ред уз ред, врста уз врсту,
Решетка уз решетку.

Ученици говоре.
Ученици откривају:
Ала је ижврљан овај свет!
Права-танка, коса-танка,
Права-дебела, коса-дебела,
Један-два, лево-десно,
Ред уз ред, врста уз врсту,
Решетка уз решетку.
Виђан ребус од рецака.

Учитељ говори.
Учитељ закључује.
Нестаје Херодот,

Онда Крез, затим Кир
Кроз митску лапавицу.
Свако је на своме месту.
Звони.

МИНОТАУР

Све иде своме крају. И Сибила то зна
мада је, понекад, обузме сумња.
Коначно, изван смрдљиве коже,
лицем у лице, дочекаћу Тезеја,
тако да ће се он у зноју будити
и од страха ослушкиваће сваки шум.
Сада му пророчанство оштри мач,
Аријаднина нит га води ка излазу
– фино оцеубиство и чисте руке,
достојан чин за нову империју.
Време је да се, најзад, Крит смири,
похота је заклоњена иза Бика,
тог јаког штита за бокове,
дедине законе, завете и трон.
Знам да није било другог излаза –
мали грех је казна, велики слава и моћ!
И ћутаћу о страху Тезеја,
За то мора да плати Аријадна,
осамљена до смрти на пустом Наксу;
Минос и Пасифаја без провере
оплакиваће главу Бика и тело момка,
на којег ће Тезеј грешком насрнути
док буде лутао кроз очај Лавиринта.
Навући ћу му кожу, одежду,
и поћи први пут слободан
а да ми не требају ни Дедалова крила.
За њих нисам имао храбости после онога са Икаром.
Све иде своме крају, али мит траје.

МЕНЕЛАЈ

Не хтедох да Троја падне.
Да не беше Агамемнона,
не би било таквог клања.
Не прихватам кривицу,
Клитемнестра добро зна
колико је тешко савршенство.
Елена и Агамемнон беху
незасити за славом.
Ја хтедох нешто друго.
Лепо дочеках Париса,
и све беше како ваља:
стража опијена,
брод лепо припремљен,
посада сигурна
за такву пловидбу.

Одох да предахнем,
кад, ено, куца Агамемнон,
позива у рат.
Шта је мени преостало,
него да кренем с божјим дахом?!

ТИРЕСИЈА

Престао сам да проричем
и постао – песник,
а да себе не окрњим.
Прилагодио сам се времену
и приближио људима.
Досадило ми је да понављам
једну те исту свирепу слику
о њиховој будућности
у тешким одеждама,
складним као и мач
наднет над њиховим главама.
Пошто сам постао песник,
ослободио сам инвенцију
и уживам у неизвесности
каквом ли ће ме новом бизарношћу
поново изненадити.
И, буде ли се провукло пророчанство,
могу да им кажем:
*Пустите ме, песник сам,
мени је све дозвољено!*

БОГ МЕЂУ НАМА

Управо поред нас прође Бог,
Бљештав, као што само Он може
С читавом својственом укупношћу
Његовог Светог Тројства.
Стигао је са свим анђелима,
Са свима ушлим у Рај,
Са светим писарима и писмом,
Са свим што му иде у прилог.
Време је за нови миленијум,
Време је – за нови договор!

КЉУЧЕВИ

КЉУЧ РЕЧИ

Сви га незасито траже,
и свима је на врху језика.
Својеглав, какав јесте,
отвори опасност на мегдану,
остави те самог са аждајом
испред њених девет глава,
испред девет тајанствених двери,
иза којих вреба награда,
језа која се не заборавља.
И баш га брига за време,
бане када њему одговара,
С Марком Краљевићем се братими,
пали ватру и кад није хладно,
у срцу му славуј пева.
Сматра ли те пријатељем,
за сваку реч даће реч.

ПОГРЕШНА РЕЧ

Нит' си је сејао, нит' си је звао,
чак и у недођији стоји ти за вратом.
Камичак је у ципели, чичак у коси,
зујави бумбар у планини
што корак низбрдо саплиће,
испитује твоју издржљивост
и мери колико си пиревине пио.
Катран је што се једва чупа,
удица за јадац, прави малер,
ма ко да је забаци увек се покида,
очигледно за пецање није.
Ни крива ни дужна, на кривом путу,
губитник је који не повија леђа,
стиска зубе и неће да писне.
Она је Икар за лет до тачке
иза које се сигурно пада
у прецизно обележени круг.

ПРАЗНА РЕЧ

Ма шта рекла све јој иде,
чак и кад клопара у говору;
ваља клобук за клобуком,
кроз олуке с ветром дува,
крестом маше и певуши,
на свој рачун шале збија.
Тикве сади, шипак скупља,
несебична, све подели,
а нама шупљину нуди
да нам се ситнице множе.
Одавно нас је придобила,
дајући у залог своју празнину.
Сада седи, чудом се чуди,
гледа како колач делимо
и кидамо га својим кутњацима,
док сувомразица напољу шиба.

ЛАЖНА РЕЧ

Савршени Цицерон за свачији јед,
хиљадама устију реч уз реч слаже,
куле и дворове зида и против је
ситничаве врвее и јасноће
што с њиховим накотом халапљиво сикће,
сан по сан отпија, нама капу кроји,
и кроз иглене нас уши провлачи.
Непријатељ је који нас изневерава,
усред беспућа, пропаст и олуја.
На себе навлачи чопоре,
баца их у ватру, у мишје рупе,
и на време стиже у бајку,
где се чека својом речи
двер по двер да отвори.
Пушта промају кроз отворе
и обавија модру оштрину.

ТУЂА РЕЧ

Залогај по залогај, стигла је на трпезу.
Не што је била жељна хлеба,
већ је тако поручио вожд
који је видео и ово и оно
и не би сад да постиди диван.
Чардак ни на небу ни на земљи,
струна наших узвика.

У огртачу мистичности,
досипа маглу око себе,
придобија префињеношћу
и вештином трикова
који отварају широм очи.
Левак за млечни пут,
млаз који се таложи под језиком.

Скитница? Досељеник? Намерник?
Стрпљиво се с нама оглашава,
али иде са зографом да свањава
и укршта грло и прсте
с топлим дахом својих предака.
Досадни цврчак на иконостасу
од којег сричемо *иже јеси*.

РЕЧ–ЧЕМЕР

Откад је нашла суво место,
гавран јој је оставио расо
и препустио заклетву:
„Савршенство или смрт!"
Одавно је преполовила дан
и све океане ноћи
а да није нашла теснац
који их раздваја и спаја.
Ћути и плови мислима,
тражећи гребен и одговор:
је ли открила савршенство,
смрт, можда, или и једно и друго?!

НОВА РЕЧ

Као у свакој причи,
прстен и коњ
су неизоставно присутни
у тајном пролазу
из једног у други свет.
Против чуда се мора чудом,
да би излизало гвоздене ципеле,
а једном бачена стрела
пронашла, најзад, циљ.
Затим да дуго кукуриче,
док не онеме други петлови
који знају немушти језик,
али да не открије тајну:
крене се по љубав,
шчепа се – царство!

ЗАБОРАВЉЕНА РЕЧ

Прекаљена у кијаметима,
по излоканим путевима,
дивљину сматра својом,
отворену – за свој дом.
Вешта да преброди расколе,
да се одметне у траву,
корен по корен проучава.
Одавно не држи љутњу,
уз лешник нуди опојни чај,
спокојно те гледа у очи
и твоју реч подупире.
Ко зна је ли штеточина,
као што кажу у чаршији
док сања исти сан
– сваком детету мелем,
себи – анасон у грлу.

ГНУСНА РЕЧ

Спор уопште није престајао
међу онима који су пробали
језиву мразну ноћ
њеног гусарског ока.
Постаје све недоступнија
након непријатне афере
око нечијих нечистих прстију
с нејасном кривицом и крајем.
Каска од брлога до буњишта,
завија без страха за чопорима
док их магла повлачи
према мутном току.
С јутра снатри у реци,
онде где је вребала са стране,
треперење из дна,
мораве, модре и сиве светлости.
Затим дува у шарену фрулу
дуго и тешко, једну те исту песму.

ПОСЛЕДЊА РЕЧ

Вековима јој расте брада,
болест за болешћу превладава
и свакодневне ревизије
своје архиве.
Увек се на њу рачуна
док се пали светло
и гледа употребљивост
дотрајалих спојева.
Иза себе прашину диже
и дуго се не таложи,
али на правопис подсећа
заборављеним изговором.
Уме да дозове лавину
и да је у дажд претвори,
говорећи молитву
дату некад у завет.
Стоји уз прећутну сагласност
да је нико не наследи.

ЗАБРАЊЕНА РЕЧ

Што дуже лежи
иза решетака и језика,
све је ближа шетачима,
све су бројније гласине.
Чека своју благовест,
пишући аутобиографију
са свим прошлим распећима,
са свим прикладним ломачама.
Греши док пребројава
превртљиве Петре
и, уместо помиловања,
за себе тражи велико небо,
да сама начичка сва одрицања.
Мада је крајње љубазна,
одбија да се сроди с променом
свеђање светлости.

ОПАКА РЕЧ

Потомак древног драгомана,
грешком залутала међу нас.
Под језиком чува жарић,
мају магме што је избила
с кијавицом творца,
замишљеног над отвореним
сојем, осојем, осојницом
и свим њиховим укрштањима.
Сада пландује под платаном,
на узглављу од поскока,
с руком изнад осињака,
мисли да ведри и облачи
хулама, ујЕдима, убодима.
Нека је, нека се радује,
последња је што наседа
као да има сврабсмртоносни.
Па зар није све превазиђено
између севера и пустиње.

СВЕТА РЕЧ

Ко зна где јој је гнездо,
из чијег голубарника гугуће.
Кажњена танким ореолом
научила је да чува здравље,
да се склања од урокљивих,
да не варничи кад не мора,
да не тражи другу срећу.
Најближи јој је древни дуб
што толико лепо олистава
под светлошћу мрмољка
што виси над рубом пропасти.
Кад јој превише тежи,
бежи сама чак до врбака
и пруће високо усправља.
И скида капу.

НЕИЗГОВОРЕНА РЕЧ

Под носем су јој, за вратом јој дишу
док бледи и црвени,
док јој колена клецају
и суши јој се грло
чекајући да сроче пресуду,
награду која пелин оставља.
На најмањи шум се јежи,
затвара у себе и заклања
двоструким вратима и капцима,
пали ватру усред лета,
да га нокат не загребе,
да га кикот не престраши.
С мачором на прагу гребе
и сву ноћ кисне на станици
док последњи воз не оде,
мимоилазећи се с лапавицом.
И више јој није толико хладно
због удаљености звезда.

РЕЧ-КЉУЧ

Уморан Атлас на чија је леђа
свако ко је хтео, какву је желео
гомилу на гомилу гомилао.
Доста јој је, уско јој је,
не вири јој се кроз кључаоницу,
неће да претура џепове,
стара је да се провлачи кроз процепе,
да лежи у мраку, у влази,
да дише прашину, да гута паучину,
да је свачији зној нагриза.
И ту и тамо, ма где била,
прича је иста, крај познат.
Јесте: и за и против, с неким или не,
и за ове овде, ако се држе за гушу,
отвориће се једна или друга врата.
Јасно је да је чека омча,
да ће бити издавана, предавана, крадена,
да ће јој се губити и траг и глас,
да ће је кључем под кључем држати
и узимати јој меру.
Боли је глава од помисли –
ако себе ослободи смисла
шта ће укинути: Свет? Тиранију, можда?

БИОГРАФСКА БЕЛЕШКА

Весна Ацевска је рођена 1952. године у Скопљу, Република Македонија. Дипломирала је на Факултету за филолошке науке скопског Универзитета. Ради као лектор у Институту за националну историју. Пише поезију и прозу и преводи са руског, српског и других јужнословенских језика.

До сада је објавила следеће књиге: *Припреме за представу* (Скопље, 1985), *Хридина за скок* (Скопље, 1991), *Сидро за Ноеја* (Скопље, 1994) и *Неред у огледалу* (Скопље, 1996) - поезија; *Cauca sum* (Букурешт, 1996), *Saidamsizliktan bal özü* (Истамбул, 1999), *Fjalë çelës* (Shkup, 1999) - избори; *Лавиринт* (Скопље, 1992), *Рок видре* (Скопље, 1993) и *Степениште у зеленилу* (Скопље, 1999) - проза за младе.

За превод великог финског епа *Калевала*, добила је награду „Григор Прличев" за 2000. годину.

Заступљена је у више антологија савременог македонског песништва на македонском и другим језицима.

САДРЖАЈ

НЕ-РЕД, БОЈЕ

Усред зрелих воћњака 7
Волим те црвено, волим!? 8
Зелени папагај који не говори 9
Плаво је више и дубље 10
Ако уђеш у круг белог 11
Црно се прима, прихвата 12
Опасно време, опасан свет 13

НЕ-РЕД У ОГЛЕДАЛУ

Уочи нереда 17
Ред међу редовима 18
Не-ред и руке 19
Бескрај, не-ред и ти 20
Не-ред и секира 21
Пут и не-ред 22
Не-ред у пожару 23
Ништа, не-ред 24

СТВАРНОСТ, ПРИВИД

Елементи 27
Почетак 28
Омча 29
Отвор 30
Линија 31
Стварност? привид? 32
Осовина 33
Бабунов врисак 34
Метузалем 35
Еден 36
Тачка 37
Корал 38
Крај 39

ВОДА И СЕНКА

По воду 43
Вода и сенка 45
Човек и вода 46

SUI GENERIS

Sui generis 49
Насукани кит 51
Питије 52
Откровење 53
Минотаур 55
Менелај 56
Тиресија 57
Бог међу нама 58

КЉУЧЕВИ

Кључ речи 61
Погрешна реч 62
Празна реч 63
Лажна реч 64
Туђа реч 65
Реч-чемер 66
Нова реч 67
Заборављена реч 68
Гнусна реч 69
Последња реч 70
Забрањена реч 71
Опака реч 72
Света реч 73
Неизговорена реч 74
Реч-кључ 75

Биографска белешка 77

Весна Ацевска
НЕРЕД У ОГЛЕДАЛУ

✱

Главни уредник
НОВИЦА ТАДИЋ

✱

Лектор и коректор
МИРОСЛАВА СТОЈКОВИЋ

✱

Издавачи
ИП РАД
Београд, Дечанска 12
АРКА
Смедерево, Карађорђева 1

✱

За издаваче
СИМОН СИМОНОВИЋ
РИСТО ВАСИЛЕВСКИ

✱

Штампа
НИГП „Радојковић", Смедерево

CIP – Каталогизација у публикацији
Народна библиотека Србије, Београд

886.6-1

АЦЕВСКА, Весна

    Неред у огледалу / Весна Ацевска ; [са македонског превео Ристо Василевски]. – Београд : Рад, 2001 (Смедерево : „Радојковић"). – 80 стр. ; 21 cm. (Библиотека Успон ; књ. 4)

Биографска белешка: стр 77.

ISBN 86-09-00738-3

ИД=91843084

www.ingramcontent.com/pod-product-compliance
Lightning Source LLC
Chambersburg PA
CBHW060213050426
42446CB00013B/3060